Veröffentlichungen des Deutschen Vereins für Volks-Hygiene.

Im Auftrage des Zentralvorstandes
in zwanglosen Heften herausgegeben
von
Dr. K. Beerwald, Berlin.

Heft IX.

Hygiene des Herzens.

Von

Geheimrat Prof. Dr. Goldscheider,
Berlin.

Erste Auflage.
(Erstes bis fünftes Tausend.)

München und Berlin.
Druck und Verlag von R. Oldenbourg.
1905.

Preis 30 Pfennig.

Von 100 Expl. an 25 Pf.	Von 500 Expl. an 18 Pf.
Von 200 Expl. an 20 Pf.	Von 1000 Expl. an 15 Pf.

Von 2000 Expl. an 12 Pf.

Verlag von R. Oldenbourg, München und Berlin.

Veröffentlichungen

des

Deutschen Vereins für Volkshygiene

herausgegeben von

Dr. K. Beerwald, Berlin.

Von diesen Veröffentlichungen des Deutschen Vereins für Volkshygiene, dessen segensreiches Wirken trotz der Kürze seines Bestehens schon die weiteste Anerkennung gefunden hat, sollen jährlich 4—6 Hefte zum Preise von je ca. 30—40 ₰ erscheinen. Die Veröffentlichungen sind von Ministerien und vielen hohen Behörden amtlich empfohlen und sollen mit Unterstützung dieser, sowie humanitär gesinnter Privatpersonen, Unternehmer- und anderen Verbänden, Vereinen ꝛc. durch Massenverbreitung, Aufklärung über gesundheitliche und hygienische Fragen in alle Kreise des Volkes tragen, besonders in die Kreise der Handwerker und Arbeiter. Mit Rücksicht auf diesen Zweck sind die Preise, namentlich für größere Partiebezüge, sehr niedrig festgesetzt.

Erschienen sind:

Heft 1: **Verhütung der Tuberkulose** (Schwindsucht). Vortrag von Geh.-Rat Prof. Dr. E. von Leyden, gehalten im Bürgersaal des Rathauses zu Berlin. Mit einem Titelbild und 4 Textfiguren. Preis 30 ₰. Von 100 Ex. ab 25 ₰, von 200 Ex. ab 20 ₰, von 500 Ex. ab 18 ₰, von 1000 Ex. ab 15 ₰, von 2000 Ex. ab 12 ₰.

Heft 2: **Berufswahl und körperliche Anlagen.** Im Auftrage des Vereins für Volkshygiene in München unter Mitarbeit von Dr. Dr. Nadoleczny, Ed. Hirt, R. Schneider, Fr. Lange und H. Neumayer herausgegeben von Professor Dr. M. Hahn, München. 9 Textfiguren. Preis 40 ₰. Von 100 Ex. ab 35 ₰, von 200 Ex. ab 30 ₰, von 500 Ex. ab 25 ₰, von 1000 Ex. ab 20 ₰, von 2000 Ex. ab 18 ₰.

Heft 3: **Nothilfe bei Verletzungen.** Von Dr. Jul. Feßler, Privatdozent an der Universität München. (Preise wie bei Heft 1.)

Heft 4: **Gesundheit und Alkohol.** Vortrag, gehalten im Bürgersaal des Rathauses zu Berlin vor der Ortsgruppe des Vereins für Volkshygiene, von Prof. Dr. Carl Fraenkel aus Halle a. S. (Preise wie bei Heft 1.)

Heft 5: **Die häusliche Pflege bei ansteckenden Krankheiten, insbesondere bei ansteckenden Kinderkrankheiten.** Drei Vorträge von Dr. K. Doll in Karlsruhe. (Preise wie bei Heft 2.)

Heft 6: **Die Verhütung der Geschlechtskrankheiten.** Von Dr. med. Neuberger, Nürnberg. (Preise wie bei Heft 1.)

Heft 7: **Die Gesundheitspflege auf dem Lande.** Von Kreisarzt Dr. Nickel, Perleberg. (Preise wie bei Heft 2.)

Heft 8: **Die Bedeutung der Bakterien für die Gesundheitspflege.** Von Professor Dr. A. Wassermann, Berlin. (Preise wie bei Heft 1.)

In Vorbereitung sind:

Wohnungshygiene von Geheimrat Prof. Dr. Rubner, Berlin.

Häusliche Gesundheitspflege (behandelt als Fortsetzung zu Heft I, die Disposition) von Prof. Dr. Grawitz, Berlin.

Zur Hygiene des Schulkindes von Geheimrat Prof. Dr. Hoffa, Berlin, Privatdozent Dr. Jessen, Straßburg i. E. und Dr. Lublinski, Berlin.

Die Pflege des Kindes im ersten Lebensjahre von Prof. Dr. Schloßmann, Dresden.

Veröffentlichungen des Deutschen Vereins für Volks-Hygiene.

Im Auftrage des Zentralvorstandes in zwanglosen Heften herausgegeben von Dr. K. Beerwald, Berlin.

Heft IX.

Hygiene des Herzens.

Von

Geheimrat Prof. Dr. Goldscheider,

Berlin.

Erste Auflage.
(Erstes bis fünftes Tausend.)

München und Berlin.
Druck und Verlag von R. Oldenbourg.
1905.

Leitsätze:

1. Zur Erhaltung des Lebens ist es notwendig, daß das Blut fortwährend den Körper durchfließt, daß es jeder Zelle desselben Sauerstoff zuführt, daß es immer von neuem in der Lunge Sauerstoff aufnimmt und seinen Kreislauf, den des Herzens beständige Tätigkeit regelt, weder am Tage noch in der Nacht unterbricht.

2. Die Lungentätigkeit unterstützt die Arbeit des Herzens und der Blutgefäße. Daher muß die Atmung stets eine genügende, niemals oberflächliche sein, worauf besonders bei Kindern zu achten ist.

3. Körperliche und seelische Zustände beeinflussen mittels des Herznervenapparates die Tätigkeit des Herzens. Die reine Denktätigkeit aber schädigt das Herz nicht.

4. Nicht die Jahre machen unser Alter, sondern wir sind so alt und so jung, wie unser Herz und unsere Schlagadern gut sind. Beide müssen wir daher vor Abnutzung hüten, und ist für die Schlagadern als besonders gefährlich die Aderwandstarre zu nennen, welche den Schlaganfall veranlaßt.

5. Schädlich für das Herz und die Gefäße sind körperliche Überanstrengungen, Hast, Unruhe, Aufregungen, unregelmäßige Lebensweise, seelische Erregungen, Ausschweifungen. Neurasthenie führt ebenfalls bisweilen zu Schädigungen des Herzens und Aderwandstarre; endlich muß hier unzweckmäßige Ernährung — zu viel sowohl als zu wenig — genannt werden, der Alkohol und der Tabak können geradezu zu Herzgiften werden, und auch Kaffee und Tee haben, im Übermaß genossen, gleiche Wirkung.

6. Zu große Ruhe wirkt ungünstig auf das Herz, und stets muß die Anpassungsfähigkeit des Herzens an höhere Leistungen durch Übung erhalten bleiben. Daher ist tägliche Bewegung

und Beteiligung an sportlichen Unternehmungen, solange letzteres in verständigen Grenzen geschieht, für jedermann notwendig.

7. Von großer Bedeutung ist die Kräftigung des Herzens für die Frau, die den schweren geistigen und körperlichen Anforderungen des Mutterberufes genügen soll. Daher muß die Verweichlichung aus der Erziehung des Mädchens sowie aus der Lebenshaltung der Frau verbannt werden.

8. Zur Hygiene des Herzens gehört auch die Pflege der Haut und eine rationelle Abhärtung durch Waschungen und Luftbäder.

9. Ernste Gefahren bringen dem Herzen die Infektionskrankheiten, besonders der Gelenkrheumatismus; die Häufigkeit dieser Krankheiten kann man jedoch durch Besserung der öffentlichen und häuslichen Gesundheitspflege vermindern.

10. Sehr wichtig für die Gesunderhaltung des Herzens ist die Vermeidung heftiger Gemütbewegungen sowie ein ruhiges Temperament, und wir können in beider Beziehung viel tun durch Selbstzucht und Bekämpfung unserer Leidenschaften, durch Unterdrückung übertriebenen Ehrgeizes, durch gerechte Beurteilung unserer Mitmenschen.

11. Besondere Aufgaben erwachsen der Hygiene des Herzens in der Zeit des Wachstums und im herannahenden Alter. In der Jugend ist übertriebener sportartiger Betrieb von körperlichen Übungen ein schwerer Fehler, Alkohol und Tabak sind gänzlich zu meiden, gesellige Genüsse dürfen nur mit Vorsicht mitgemacht werden, und bei schnellem Wachstum ist erhöhte Schonung geboten.

12. Für das Alter dagegen gilt: »Wer rastet, der rostet.« Man soll durch Bewegungen den Stockungen im Blutkreislauf vorbeugen, der Schlaf darf nicht übertrieben werden, Maßhalten im Essen und Trinken ist notwendig, und den Lebensabend soll frohsinniges Empfinden verschönen, nicht Neid und Unzufriedenheit erschweren.

Meine verehrten Damen und Herren! Zur Erhaltung der Lebenstätigkeit des Körpers und seiner einzelnen Teile ist es erforderlich, daß die Säftemasse desselben, nämlich Blut und Lymphe, beständig den Körper durchfließt. Das Blut wird in den Lungen durch den Atmungsprozeß mit Sauerstoff, dem unentbehrlichen Mittel jeder organischen Lebenstätigkeit, gesättigt und gelangt von den Lungen in die linke Herzhälfte, um von dieser in das Röhrensystem der Schlagadern (Arterien) befördert zu werden. Mit großer Geschwindigkeit dringt es durch die sich immer feiner verästelnden Schlagadern in alle Teile des Körpers, um schließlich in den mikroskopisch feinen Haargefäßen (Kapillaren) langsam je ein kleines Gebiet der Körpersubstanz zu durchwandern. Hierbei gibt das Blut den erhaltenen Sauerstoff an die Zellen, aus welchen die Körpersubstanz besteht, ab und gelangt entwertet aus den Kapillaren in die sog. Blutadern (Venen), welche es, sich wiederum zu immer größeren Gefäßen vereinigend, zum Heren, und zwar zur rechten Herzhälfte, zurückleiten, nicht so schnell wie in den Schlagadern, aber doch weit schneller, als das Blut die Kapillaren durchsickert. In den Schlagadern fährt das Blut wie im Kurierzug, in den Blutadern wie im Personenzug; die Bewegung durch die Kapillaren dagegen gleicht der Fußwanderung.

Die rechte Herzkammer treibt das Blut nun wieder in die Lungen, wo es begierig den eingeatmeten Sauerstoff aufnimmt, um ungesäumt seine Reise von neuem anzutreten.

Dies ist der Kreislauf des Blutes im Körper, die Bedingung des Lebens.

Die Bewegung der Lymphe, welche als Nährflüssigkeit die Körperzellen umspült und die Stoffwechselprodukte derselben abführt, wird gleichfalls vorwiegend durch die Blutzirkulation erhalten. Die Lymphgefäße entstehen als feine Kanälchen überall in der Körpersubstanz, sammeln sich zu größeren Gefäßen, um schließlich sich in das Blutadersystem zu ergießen. Sie stellen gleichsam eine Drainagevorrichtung der Körpersubstanz vor.

Der geschilderte Umlauf des Blutes und die damit zusammenhängende Fortbewegung der gesamten Säftemasse wird nun bewirkt und unterhalten durch das Herz. Es ist dieses ein aus Muskelmasse bestehendes hohles Gebilde, durch eine Scheidewand völlig getrennt in eine rechte und linke Hälfte, von denen jede zwei Höhlungen, Kammer und Vorkammer, enthält. Die Vorkammer schöpft das Blut aus den Blutgefäßen (die rechte aus den Blutadern des Körpers, die linke aus den Blutadern der Lunge) und preßt es in die Kammer; diese wiederum treibt es in neue Blutgefäße (die rechte in die Schlagadern der Lunge, die linke in die Schlagadern des Körpers). Alle Öffnungen in den Hohlräumen des Herzens sind durch Ventilklappen gesichert.

Die Fortbewegung des Blutes geschieht dadurch, daß die vier Hohlräume des Herzens sich in regelmäßiger Aufeinanderfolge erweitern und wieder zusammenziehen. Durch die Erweiterung wird eine entsprechende Blutmenge geschöpft und aufgenommen, durch die Zusammenziehung ausgetrieben. So schöpft die rechte Vorkammer von dem aus dem Körperkreislauf zurückkehrenden entwerteten Blute eine gewisse Menge, treibt es durch Zusammenziehung in die zu gleicher Zeit sich erweiternde rechte Kammer, welche sich, sobald sie gefüllt ist, gleichfalls zusammenzieht, um das Blut in die Lungen zu werfen.

Die bei jedem Herzschlage aus dem Blutadersystem entnommene und in das Schlagadersystem geworfene Blutmenge beträgt 50 bis 100 ccm.

Die Herzbewegung beruht auf der wunderbaren Eigenschaft der Herzmuskelfasern, sich rhythmisch zu verkürzen und zu erschlaffen. Die Muskelfasern sind in einem merkwürdigen Geflecht so angeordnet, daß bei ihrer Verkürzung der jeweilige von ihnen umschlossene Hohlraum sich verkleinert, bei ihrer Erschlaffung sich erweitert. Diese rhythmische Herzbewegung ist die erste sichtbare Lebenserscheinung am Embryo; am bebrüteten Hühnerei erkennt man schon am zweiten Tage einen rythmisch sich bewegenden Punkt, das Punctum saliens, den springenden Punkt, die erste Anlage des Herzens. Und ruhelos, Tag und Nacht, bis zum Ende unseres Lebens, arbeitet das wunderbare Pumpwerk des Herzens.

Ermüdet denn der Herzmuskel nicht?

Das Herz ermüdet nicht, denn es ruht so oft, als es arbeitet; jede Zusammenziehung des Herzmuskels ist von einer Erschlaffung gefolgt, während welcher die Herzhohlräume sich wieder mit Blut auffüllen. Diese Erschlaffung ist Erholung für den Herzmuskel und zugleich Speisung; denn während dieses Ruhestadiums füllen sich auch die Adern der Herzmuskulatur selbst stärker mit Blut. So ruht das Herz nicht bloß, sondern es werden auch die durch die Arbeit der Zusammenziehung verausgabten Stoffe, sozusagen das Betriebsmaterial, wieder ersetzt und aufgefrischt.

Im übrigen hängt die Herzarbeit mit der Gesamtarbeit des Körpers zusammen, und wenn der Mensch ruht, so vermindern sich auch die Anforderungen an das Herz. So ist also z. B. während des Schlafes auch die Herzarbeit verringert. Freilich völlige Ruhe tritt für das Herz selbst im Schlafe nicht ein.

Aber das Herz ist es nicht allein, welches den Tag 24 Stunden arbeitet; auch die Atmung währt fort, die Magen- und Darmtätigkeit, die Ernährungs- und Stoffwechselvorgänge in den einzelnen Körperzellen, überhaupt die sog. vegetativen Vorgänge nehmen ihren Fortgang auch in der Nacht. Völlige Ruhe existiert nicht, solange Leben herrscht. Leben ist Bewegung.

Die Blutgefäße, durch welche das Blut seinen Bestimmungsorten zugeführt wird, unterscheiden sich von einfachen Röhren durch eine sehr wichtige Eigenschaft: sie haben muskulöse Wandungen und können sich daher gleichfalls verengern und erweitern. Hierdurch gewinnen sie einen bestimmenden Einfluß auf die Verteilung des Blutes im Körper. Wo sie sich erweitern, dorthin strömt das Blut in vermehrter Menge; wo sie sich verengern, entsteht Blutleere. Auf diese Weise sind die Blutgefäße durch die Veränderung ihrer Lichtung imstande, das Blut dorthin zu dirigieren, wo es gebraucht wird. Wenn wir z. B. irgendwelche Muskeln besonders anstrengen müssen, etwa die Armmuskeln, so erweitern sich die Blutgefäße derselben, und die arbeitenden Muskeln werden, ihrem gesteigerten Blutbedürfnis (Sauerstoffbedürfnis) entsprechend, stärker von Blut durchströmt. Die Veränderung der Lichtung der Blutgefäße dient auch dem Zweck, die Bluttemperatur auf gleicher Höhe zu erhalten. Kommen wir in einen kalten Raum, so verengern sich die Blutgefäße der Haut; auf diese Weise gelangt abnorm wenig Blut in die Haut, welche nun nicht bloß durch äußere Abkühlung, sondern auch durch Entziehung der Blutwärme kalt wird.

Welchen Zweck hat diese scheinbar verkehrte und grausame Einrichtung, der frierenden Haut auch die Blutwärme noch zu entziehen? Nun, erstlich wird das Blut von der erkälteten Oberfläche ferngehalten, und zweitens wird der Wärmeverlust des Gesamtkörpers verringert; denn ein Körper verliert durch Wärmestrahlung um so mehr an Wärme, je höher die Temperatur seiner Oberfläche im Vergleich zur Temperatur der Umgebung ist. Die frierende Haut schützt somit den Körper und das Blut vor übermäßiger Abkühlung.

In umgekehrter Weise kühlt sich bei äußerer Hitze der Körper durch Erweiterung der Blutgefäße der Haut und durch Schweißabsonderung ab.

Sie ersehen aus diesen Beispielen, wie wichtig die Fähigkeit der Blutgefäße, sich zu verengern und zu erweitern, für den Haushalt des Gesamtorganismus und die Funktion der einzelnen Körperteile ist.

Eine wichtige Eigenschaft der Schlagadern ist ferner ihre Elastizität und Dehnbarkeit. Die Wandungen der Adern werden durch das vom linken Herzen in sie geworfene Blut ausgedehnt, haben aber in hohem Maße das Bestreben, aus dem gedehnten Zustande in- den ursprünglichen zurückzuschnellen wie elastischer Gummi. Hierdurch üben sie auf das Blut einen Druck aus, welcher die treibende Kraft des Herzens unterstützt und dazu hilft, dem Blute eine gleichmäßige, nicht stoßweise Vorwärtsbewegung zu erteilen. Wären die Adern starre Röhren, wie von Holz oder Metall, so müßte das Herz jedesmal, wenn es ein Quantum Blut in die Schlagadern wirft, die gesamte Blutmenge des Aderröhrensystems in Bewegung setzen. Da aber die Aderwandungen dehnbar sind und wieder zurückschnellen, d. h. elastisch sind, so braucht das Herz nur einen Teil des

Blutes zu verdrängen; das in die Schlagadern geworfene Blut findet eben zum Teil in dem durch die Ausdehnung derselben geschaffenen Raume Platz und wird sodann durch die elastische Zusammenziehung der Aderwandungen weiter befördert. Durch die Dehnbarkeit und Elastizität der Blutgefäßwände wird somit dem Herzen Arbeit abgenommen. Verlieren die Schlagadern diese wertvolle Eigenschaft, werden sie starr, wie es bei der sog. Aderverhärtung (Arteriosklerose) und der weitererfolgenden Verkalkung der Fall ist, so erwächst dem Herzen eine Mehrarbeit, und die Blutbewegung geschieht mehr stoßweise, weniger gleichförmig.

Die elastische Ausdehnung und Zusammenziehung der Schlagadern hat mit der muskulösen Verengerung und Erweiterung derselben nichts zu tun; jene beruht auf der physikalischen Beschaffenheit der Wand, diese auf den Muskel- und Nervenfasern, welche in die Wand eingebettet sind.

Einen nicht unwesentlichen Anteil an der Mechanik der Blutzirkulation haben die Lungen. Bei der Einatmung, welche durch die Erweiterung des Brustkorbes und die Abwärtsbewegung des die Brusthöhle von der Bauchhöhle trennenden Zwerchfells zustande kommt, wird das venöse Blut, d. h. das in den Blutadern zum Herzen zurückfließende Blut, nach der Brust hingesogen, während bei heftiger Ausatmung und besonders gleichzeitigem Pressen der Rückfluß des Blutes gehemmt wird, daher das Blauwerden bei diesen Bewegungen. Tiefe Einatmungen bilden eine kräftige Unterstützung für das Herz. Man findet auffallend häufig die Gewohnheit, sehr flach zu atmen. Die flache, wenig ergiebige Atmung wird durch sitzende Lebensweise und Mangel an Muskelanstrengung bedingt und befördert. Besonders in der Schulzeit bildet sich diese ungenügende Atmung aus. Man sollte hierauf mehr achten und bei Kindern, welche mangelhaft atmen, auf Atmungsgymnastik, vor allem öfteres Tiefatmen, dringen, was bei Anlage zu flachem Brustkorb eine unbedingte Notwendigkeit wird. Solch Tiefatmen kommt nicht nur den Lungen, sondern, wie gesagt, auch der Blutbewegung und damit der gesamten Ernährung des Körpers und dem Herzen zugute.

Auch die Muskeln des Körpers, in Sonderheit der Gliedmaßen, beteiligen sich an der Blutzirkulation, indem sie bei ihrer Zusammenziehung und durch die gleichzeitige Bewegung der Extremitäten das in den Blutadern enthaltene venöse Blut nach dem Herzen hin bewegen. Bewegung der Glieder ist also gleichzeitig Bewegung des Blutes.

Sowohl die Bewegung (Verengerung und Erweiterung) der Blutgefäße wie die des Herzens wird durch gewisse Nerven beeinflußt — nennen wir sie kurz die Herznerven und die Blutgefäßnerven —, welche mit dem gesamten übrigen Nervensystem in Verbindung stehen und dadurch die Möglichkeit gewähren, daß Vorgänge, welche im Nervensystem ablaufen, auch auf das Herz und die Blutgefäße Wirkungen entfalten können. So können z. B. schmerzhafte Reizungen der Nerven irgendwelcher Körperabschnitte die Herztätigkeit beeinflussen, den Herzschlag verlangsamen, beschleunigen, die Herzkraft verstärken, abschwächen.

Zwischen den Nerven, welche die Blutgefäße zur Zusammenziehung und zur Erweiterung bringen, und den eigentlichen Herznerven bestehen gleichfalls innige Beziehungen. Der zusammengezogene oder erweiterte Zustand der Blutgefäße ist für die Herztätigkeit selbst von großer Bedeutung. Denn je enger die Röhren sind, durch welche das Herz die Blutflüssigkeit hindurchtreiben muß, um so größer sind die Widerstände für die

Blutbewegung, um so größere Herzarbeit ist also vonnöten. Der größte Teil der Herzkraft wird ja darauf verbraucht, die Reibungswiderstände zu überwinden, welche die sich häufig teilenden und in immer feinere Röhren und schließlich in Haarröhrchen sich aufsplitternden Blutgefäße darbieten. Die Herztätigkeit muß sich somit dem Zustande der Blutgefäße anpassen, was durch die erwähnten nervösen Verbindungen erreicht wird.

Kurz zusammengefaßt kann man sagen: die Herzmuskulatur führt für sich selbst, unabhängig vom Nervensystem, ihre rhythmischen Zusammenziehungen und Erweiterungen aus und treibt so das Blut vorwärts. Diese automatische Tätigkeit wird aber reguliert durch den nervösen Apparat, die Herz- und Blutgefäßnerven, welche miteinander und mit dem gesamten übrigen Nervensystem in Verbindung stehen. So wird die erforderliche Anpassung der Herztätigkeit an den jeweiligen Zustand der Blutgefäße und an die Bedürfnisse des Körpers und seiner einzelnen Teile erzielt.

Nicht bloß körperliche, sondern sogar seelische Erregungen werden mittels dieses regulatorischen Herznervenapparates dem Herzen mitgeteilt. Das Erblassen bei Angst, Schreck, seelischem Schmerz, das Erröten bei Scham, Zorn, Freude usw., das Herzpochen bei den verschiedenartigen Gemütsbewegungen zeigt, wie die Affekte sich im Herzen und in den Blutgefäßen ausdrücken. Noch weiter gehend, aber weniger regelmäßig ist der Einfluß der Gemütsbewegungen auf die Drüsenabsonderungen: Tränenabsonderung durch Schmerz und Freude, Schweißabsonderung durch Angst und Schreck usw.

Welch eine Kluft besteht zwischen dem Gedanken und der Blutbewegung, zwischen den immateriellen Erzitterungen der hoffenden, liebenden, verzweifelten, erzürnten Seele und der höchst materiellen blutpumpenden Arbeit des Herzmuskels! Und dennoch stehen gerade diese beiden Lebenserscheinungen in innigster Beziehung zueinander.

Herz und Blutgefäße bilden in ihren Lebensäußerungen einen Spiegel der Vorgänge des Gemütslebens. Dies drückt sich im Sprachgebrauch aus, welcher Herz für Gemüt setzt; der Mutige ist beherzt, der Mitleidige hat Herz, der Gewissenlose und Egoist heißt herzlos usw. Der Sitz des Gemütes wird vom Dichter gern in die Brust, ins Herz verlegt.

Unterstützt wird diese Anschauung noch dadurch, daß die Affektbewegungen des Herzens und der Blutgefäße mit eigenartigen örtlichen Empfindungen verbunden sind: Empfindungen des Herzklopfens, der Spannung und Bedrückung in der Herzgegend, der Wärme durch Blutgefäßerweiterung, der Kühle und des Absterbens durch Blutgefäßverengerung.

Durch diese, unsere Gemütsbewegungen begleitenden Gefühle werden wir uns der ersteren in höherem Grade bewußt. Der rein seelische Vorgang wird durch das Hinzutreten der körperlichen Empfindung verstärkt, welche sich hauptsächlich am Herzen und dem Blutgefäßapparat abspielt. So meldet sich uns die Angst, die innere Erregung durch das Pochen des Herzens an; wir fühlen uns beim Schreck wie gelähmt; wir fühlen, wenn wir uns entsetzen, ein Schaudergefühl, durch die Zusammenziehung der kleinen Blutgefäße und der Hautmuskeln bedingt; wir fühlen das Blut zu Kopf steigen.

Freud' und Leid, Zorn und Scham usw. drücken sich am Herzen und den Blutgefäßen aus; auch unsere Leidenschaften fühlen und büßen wir am Herzen, und wenn sich das Gewissen regt, so regt es sich gleichfalls am Herzen („das Gewissen klopft").

Die Reaktion des Herzens und der Blutgefäße auf Gemütsbewegungen ist individuell sehr verschieden ausgebildet, je nach dem Temperament und der Konstitution des Menschen: beim weiblichen Geschlecht im allgemeinen mehr als beim männlichen, in der Kindheit und Jugend mehr als im reiferen Alter. Die Affektbewegungen zu hemmen ist Sache des Willens, Charakters, der Vernunft. Wir sollen Herr über unsere Gemütsbewegungen sein, unsere Leidenschaften hemmen, unser Herz bezähmen. Anderseits sollen die instinktiven Regungen des Gemüts, der Ausdruck unserer ureigensten Natur, nicht ganz unterdrückt werden. Wie das Feuer können sie verzehren und Schaden stiften; doch zeitigen sie auch die schönsten Eigenschaften und Taten, begeistern, rühren und sind zur Harmonie des Menschen notwendig. „Wohltätig ist des Feuers Macht, wenn sie der Mensch bezähmt, bewacht."

Für die sittliche Erziehung des Menschen und der Menschheit sind diese Affektempfindungen und Affektäußerungen auf Herz und Blutgefäße ohne Zweifel von großer Bedeutung. Die Gesichtszüge beherrschen ist leichter als die Reaktionen des Herzens und der Blutgefäße, und auch den hartgesottenen Lügner noch kann die Schamröte verraten. Die Menschen würden vielleicht das Gute nicht so lieben und das Böse nicht so scheuen, wenn sie es bloß denken würden und nicht auch am eigenen Körper fühlten — wenn Gott uns nicht eine „fühlende Brust" verliehen hätte.

Auch der Vorgang des rein intellektuellen Denkens vermag unter Umständen auf das Herz zu wirken, sobald nämlich im Verlaufe des Denkens Vorstellungen auftauchen, welche zu Gemütsbewegungen und Affekten führen, z. B. wenn eine Überlegung dahin leitet, daß uns eine Gefahr, ein schmerzliches Ereignis drohe.

Dies ist von Wichtigkeit. Die reine Denktätigkeit schädigt das Herz nicht, wohl aber kann dies die mit Aufregung verbundene Gedankentätigkeit tun, wie z. B. Spekulationen, sehr verantwortliche Überlegungen und Entscheidungen.

So sehen wir, daß das Herz eine ungeheure Menge von Aufgaben zu lösen hat, einer ungeheuren Menge von Einwirkungen ausgesetzt ist: unaufhörlich Tag und Nacht arbeiten, jedem gesteigerten Anspruch des Körpers durch vermehrte Arbeitsleistung entgegenkommen, durch alle Reizungen der Nerven beeinflußt und schließlich auch den Affekten und Leidenschaften des Menschen untertan und preisgegeben!

Von der Blutzirkulation, also der Funktion des Herzens, hängt die Blutversorgung der Organe und einzelnen Teile des Körpers ab. Die Blutversorgung der Organe ist die Bedingung ihres Lebens; das Blut führt ihnen das Nährmaterial und den Sauerstoff zu. Die Tätigkeit der Organe sowohl wie ihre Ernährung steht im Verhältnis zur Blutversorgung; ist dieselbe ungenügend, so ist es auch die Funktion der Organe: dieselben schrumpfen dann, werden geschwächt sowie zugleich, und dies ist ein besonders wichtiger Punkt, in ihrer Widerstandsfähigkeit gegenüber Krankheiten herabgesetzt. So ist z. B. die Lunge für Schwindsucht besonders disponiert, wenn sie mangelhaft mit Blut versorgt wird, und ein kräftiger Herzmuskel sowie gute Blutbeschaffenheit ist somit auch ein gewisser Schutz gegen Schwindsucht.

Die Organe unterstützen sich gegenseitig: das Herz versorgt die Lungen und Muskeln mit Blut, und Lungen und Muskeln helfen dem Herzen wieder in seiner Aufgabe, das Blut vorwärts zu treiben.

Vom Herzen und der Blutversorgung des Körpers hängt nicht bloß Leben und Tod, sondern auch Jugend und Alter ab. Nicht die Runzeln, nicht das weiße Haar machen das Alter, sondern die Abnutzung des Herzens und der Blutgefäße. Wir sind so alt und so jung, wie unser Herz und unsere Schlagadern gut sind. Die Hygiene des Herzens ist also in gewissem Sinne zugleich die Kunst, jung zu bleiben. Die Abnutzung der Blutgefäße besteht im wesentlichen in dem Nachlaß der Fähigkeit, sich zusammenzuziehen und zu erweitern und sich in dieser Hinsicht den Bedürfnissen des Organismus anzupassen; ferner in einem Nachlaß der Dehnbarkeit und Elastizität. Diese physikalische Veränderung ist an ein Starrwerden und eine Verdickung der Gefäßwandungen geknüpft, an welche sich eine Kalkeinlagerung anschließen kann. Man bezeichnet diesen Vorgang als Arteriosklerose, d. h. Aderverhärtung oder Aderwandstarre, im höheren Grade als Verkalkung.

Leiden auf solche Art die Blutgefäßwandungen, so leidet auch die Zirkulation und Verteilung des Blutes und damit die Ernährung der Organe. Die Ernährung der einzelnen Körperteile hängt von der Versorgung mit Blut, diesem sowohl Nährmaterial wie Sauerstoff führenden Lebenssaft, ab. Die andauernd mangelhafte Ernährung der Organe führt, wie bereits gesagt, zu einer verminderten Tätigkeit und Leistungsfähigkeit derselben, zur Funktionsschwäche. Der nicht ausreichend ernährte Muskel verliert an Kraft, die nicht ausreichend ernährten Nerven sind leicht erschöpfbar und leistungsunfähig. Auch an ihrer Größe erleiden die Organe Einbuße, sie schrumpfen ein. So ist also ein vorzeitiges Altern der Organe die unausbleibliche Folge der ungenügenden Blutversorgung. Entarten somit die Blutgefäßwände, so entarten auch die übrigen Bestandteile des Körpers.

Werden gewisse Schlagadern von der Wandstarre ergriffen, so entstehen schwere und unter Umständen tödliche Erkrankungen. Die Arteriosklerose der Gehirnschlagadern gibt zum Schlaganfall (durch Blutaustritt), die Arteriosklerose der den Herzmuskel selbst versorgenden sog. Kranzschlagadern — die berüchtigte Herzaderverkalkung — zum tödlichen Herzschlag Veranlassung.

Wie erhalten wir nun unser Herz und unsere Blutgefäße gesund und jung? Wie beugen wir der Abnutzung vor? Wie hüten wir das kunstvolle Wunderwerk vor Schädigungen?

Die Schädlichkeiten, welchen das Herz ausgesetzt ist, sind sehr mannigfaltige.

Zunächst sind hier übermäßige Anforderungen an die Leistungsfähigkeit des Herzens aufzuführen. Übersteigt z. B. die Körperanstrengung ein gewisses Maß, so kann die begleitende Arbeit des Herzens an eine Grenze gelangen, wo das Herz geschädigt wird. Der Herzmuskel vermag in den kurz bemessenen Ruhepausen nicht mehr zu ersetzen, was er bei der gesteigerten Tätigkeit ausgegeben hat; er wird zwar nicht sofort bankerott, aber er büßt an Vermögen ein.

Wird ihm Ruhe und Pflege zuteil, so vermag er seine Verhältnisse wieder zu ordnen, sich aufzuraffen. Ist jenes aber nicht der Fall und wiederholen sich die übermäßigen Anforderungen, so gerät er mehr und mehr auf eine schiefe Bahn, es entwickelt sich eine Herzmuskelerkrankung. Die Grenzen liegen bei den einzelnen Menschen verschieden; es gibt konstitutionell gut und weniger gut veranlagte Herzen.

Oft sind die einzelnen Überanstrengungen des Herzens so geringfügig, daß sie nicht beachtet werden, aber sie können sich summieren, wie auch andere Schädlichkeiten, einzeln harmlos, durch häufige Wiederholung verhängnisvolle Wirkungen entfalten können. Man denke z. B. an den Alkohol. Einmal ist keinmal, das ist richtig, aber immer ist schlimmer! Jede Schädlichkeit hinterläßt einen kleinen Rückstand, vielleicht höchst unbedeutend, aber zu ihm fügt die Wiederholung der Schädigung einen neuen kleinen Rückstand und so fort, und ist das Organ nun erst geschwächt, so wirkt die Schädlichkeit um so verheerender ein.

Wir werden dies besser verstehen, wenn wir kurz einen Blick auf das allgemeine Gesetz werfen, nach welchem sich die Tätigkeit, die Ermüdung und die Erholung der Organe regelt.

Die Abnutzung des Körpers vollzieht sich nach anderen Gesetzen als die Abnutzung eines Rockes. Jede Tätigkeit eines Organs, z. B. eines Muskels oder einer Drüse, ist mit einem Verbrauch von Stoff, von Substanz verbunden, aber es tritt sehr schnell Ersatz ein. Der Verbrauch wirkt sozusagen als Reiz für den Zufluß von Nährmaterial. Der Organismus ist das Ideal einer Verwaltung. Das Organ fragt nicht erst den Körper, dessen Teil es ist, ob es und wieviel es verbrauchen darf; es verbraucht eben und sofort fließt ihm Ersatz zu. Ja oft mehr Ersatz als die verbrauchte Menge betragen hat, so daß das Organ durch die Tätigkeit erstarkt. Gebrauch mehrt. So wird der Muskel durch die Übung kräftiger. Man sieht ohne weiteres, von welch weittragenden Folgen dies Gesetz ist. Die einzelnen Organe, ja die einzelnen kleinsten Zellen, aus welchen die Organe gebildet sind, müssen tätig sein, um sich zu ernähren; ihre Tätigkeit wird durch reichlichen Zufluß frischen Nährmaterials belohnt, ihre Untätigkeit durch Mangel desselben bestraft. Beim Rock ist das freilich anders! Der Rock, welcher durch den Gebrauch besser und fester wird, dürfte nicht so bald erfunden werden! Es ist dies eben der Unterschied zwischen organischer, belebter Materie und anorganischer, unbelebter.

Aber wie, wenn der Ersatz nun nicht den Verbrauch deckt? Auch dies kommt vor, und zwar unter zwei verschiedenen Bedingungen: nämlich wenn der Zufluß von Nährmaterial zum Organ gestört ist, oder wenn die Tätigkeit des Organs so groß ist, daß auch bei normalem Zufluß von Nährsaft der Verbrauch nicht ersetzt werden kann. In beiden Fällen handelt es sich um ein Mißverhältnis zwischen Verbrauch und Ersatz.

Bei mangelhafter Blutzirkulation, bei Entartung der Blutgefäße, bei unzureichender Nahrungsaufnahme des Menschen sind schon die normalen Tätigkeiten der Organe Überleistungen, da infolge mangelhaften Zuflusses von Nährmaterial der Verbrauch nicht ersetzt wird. So kommt es zur Schwächung, zur Schrumpfung und Entartung der Organe. Aber auch bei völlig normaler Verteilung der Nährsäfte kann eine übermäßige Tätigkeit eines Organs zu einem Mißverhältnis zwischen Verbrauch und Ersatz und damit zur Erschöpfung und Schwächung desselben führen. Also auch bei dieser idealen Verwaltung des Organismus kommt es vor, daß an einer Stelle durch Mehrausgabe ein Defizit entsteht. Das ist die andere Art der Überanstrengung. Solcher Überleistungen können sich die verschiedensten Organe schuldig machen, vor allem das Herz. Durch eine außergewöhnliche Körperanstrengung, z. B. Bergsteigen, Tragen einer schweren Last usw., kann eine sofortige Schädigung des Herzmuskels eintreten, welche sich in Herzschwäche und Herzerweiterung ausdrückt und hauptsächlich solche Menschen befällt, deren Herzmuskel schon vorher nicht ganz normal oder nicht an Anstrengungen gewöhnt war. Häufiger ist die oben erwähnte Summierung kleinerer körperlicher Überanstrengungen ohne genügende Ruhepausen. Diese kleinen übermäßigen Beanspruchungen werden besonders gefährlich, wenn die Ernährung nicht hinreichend ist, oder wenn gleichzeitig Herzgifte wie Alkohol und Tabak in größeren Mengen konsumiert werden, worauf ich später noch näher eingehen werde. Auch solche Tätigkeiten, welche nicht eigentlich zur schweren körperlichen Arbeit gerechnet werden, vermögen in dieser Weise, durch Summierung schädlicher Einflüsse, das Herz zu schädigen: Vieles Sprechen, hastige und ruhelose Berufserfüllung, gehetzte Geschäftigkeit ohne eigentliche Ruhepause, häufige Aufregungen bei verantwortlichen Handlungen, Übermaß geselliger Betätigungen, kurz: Hast, Unruhe, Vielgeschäftigkeit, Aufregungen, unregelmäßige Lebenshaltung.

Das Großstadtleben bietet reichlich und überreichlich Gelegenheit zu derartigen, sich in ihren Wirkungen summierenden Überanstrengungen des Herzens.

Wie körperliche Anstrengungen, so können auch seelische Erregungen im Übermaße das Herz schädigen, indem sie nicht bloß nervöse Herzerkrankungen, sondern auch wirkliche krankhafte Veränderungen des Herzmuskels hervorrufen und die natürliche Abnutzung der Blutgefäße beschleunigen, Arteriosklerose erzeugen.

Jeder Affekt wirkt ja auf das Herz und die Blutgefäße. Wie Angst, Furcht, Schreck vorübergehend die Herztätigkeit beherrscht, so kann sich durch eine häufige Wiederholung dieser Erregungen eine bleibende Veränderung entwickeln, wiederum nach dem Gesetze der Summierung kleiner Schädlichkeiten im Organismus. Ein großer Affekt vermag diese Dauerwirkung für sich hervorzubringen. Durch einen heftigen Schreck, z. B. infolge eines Unfalls, durch eine übermäßige Gemütsbewegung kann die sonst den Affekt begleitende vorübergehende Herzschlagbeschleunigung als eine *dauernde* Störung hervorgerufen werden. Die gleiche Wirkung können oft wiederholte kleinere

Aufregungen, seelische Schmerzen, Ausschweifungen verschiedener Art zuwege bringen.

Auch dauernde Schlaflosigkeit schädigt die Herznerven und anscheinend auch das Herz selbst, wie anderseits Herzkrankheiten umgekehrt zur Schlaflosigkeit führen können.

Die krankhaft erhöhte Reizbarkeit und Erschöpfbarkeit des Nervensystems, welche wir unter dem Namen „Nervosität" oder „Neurasthenie" zusammenfassen, ist für die Entwicklung der Arteriosklerose nicht ohne Bedeutung. Die häufigen und abnorm starken Nervenerregungen, welche wir bei solchen Kranken finden, teilen sich auch den Blutgefäßnerven mit, und es scheint hierdurch jene Ernährungsstörung der Blutgefäßwandungen, welche schließlich zur Aderwandstarre führt, befördert zu werden. Jedoch gilt dies nur für einen Teil der Neurastheniker, während andere im Gegenteil sich gerade sehr jugendlich halten. Es kommt auf den Grad der Neurasthenie und auf die angeborene Veranlagung der Blutgefäße an.

Eine ganz anders geartete Reihe von Schädlichkeiten für das Herz wird durch fehlerhafte Ernährung und namentlich gewisse Genußmittel repräsentiert. Zuvörderst sind zwei Genußmittel zu nennen, welche unter Umständen geradezu zu Herzgiften werden können: der Alkohol und der Tabak.

Die Frage des Alkoholgenusses ist ja gegenwärtig eine viel besprochene, und es ist nicht meine Absicht, dieselbe hier aufzurollen. Daß kleine Mengen Alkohol eine anregende Wirkung auf das Herz ausüben und bei Entkräftungszuständen mit größtem Nutzen verwendet werden, ist ebenso bekannt, wie daß größerer Alkoholverbrauch eine Schwächung der Herzkraft im Gefolge hat. Der übermäßige Alkoholgenuß befördert die Entwicklung der Arteriosklerose (Aderwandstarre) und erzeugt Entartung und Verfettung des Herzmuskels.

Dies gilt für den Alkohol in jeder Form, sei es Schnaps, Bier oder Wein. Bei übermäßigem Biergenuß kommt noch die ungünstige Wirkung der vermehrten Flüssigkeitsaufnahme hinzu, durch welche die Herzarbeit vergrößert wird. Das durch die Giftwirkung des Alkohols in seiner Beschaffenheit veränderte und in seiner Zusammenziehungsfähigkeit geschwächte Herz ist gezwungen, eine abnorm vermehrte Flüssigkeitsmenge vorwärts zu pumpen; es gerät an die Grenze seiner Arbeitskraft und wird durch den Widerstand der vorwärts zu bewegenden Flüssigkeit gedehnt. Dadurch entsteht die unter dem Namen „Bierherz" bekannte Herzerweiterung. Um jedoch Mißverständnissen vorzubeugen, meine hochverehrten Anwesenden: nicht jede Herzerweiterung ist ein plebejisches Bierherz.

Wieviel Alkohol kann ohne Gefahr für das Herz getrunken werden? Diese Frage, welche gewiß auf vieler Lippen schwebt und deren Beantwortung manche nicht ohne Bangen entgegensehen, kann nicht ohne weiteres in allgemein gültiger Weise gelöst werden. Die Verschiedenheit der Naturen und der Herzen zeigt sich auch gegenüber dem Alkohol. Nicht nur das Gehirn, auch das Herz verträgt sehr verschiedene Mengen Alkohols. Aber es wäre ein Irrtum, zu glauben, daß der Trinkfeste, d. h. derjenige, welcher ein trinkfestes, rauschtrotzendes Gehirn besitzt, nun auch immer ein trinkfestes Herz haben müßte. Gar mancher denkt, sein Herz sei wie sein Kopf, aber es ist leichter, den Kopf als das Herz zu erkennen. Das gilt überall, und das gilt auch hier. Die ärztliche Erfahrung lehrt unzweifelhaft, daß man nicht ein wüster Trunkenbold zu sein braucht, um einen vom Alkohol degenerierten Herzmuskel zu bekommen, sondern daß auch der stets nüchterne, aber gewohnheitsmäßige Trinker, der Potator cum honore, sein Herz dem süßen, verlockenden Gift zum Opfer bringt, an welches er sein Herz gehängt hat. Keine Rose ohne Dorn.

Die Naturen sind verschieden. Da weiß jeder eine Geschichte eines sehr ehrenwerten Bekannten oder Verwandten, der jeden Tag so und soviel getrunken und Methusalems Alter erreicht hat. Aber das sind einzelne Fälle, denen gegenüber diejenigen der Entartung des Herzens durch den Alkoholmißbrauch in der erdrückenden Mehrheit sind, und welche nur immer wieder beweisen, daß die Körperbeschaffenheit von entscheidender Bedeutung ist, und daß es außergewöhnliche Konstitutionen gibt. Aber auch für die Durchschnittsherzen ist die schädliche Dosis Alkohol eine sehr verschiedene, und die schädliche Wirkung hängt von allerlei Nebenumständen ab, von der Ernährung, Bewegung, der gleichzeitigen Einwirkung anderer Schädlichkeiten usw. Da niemand sein Herz genau kennen kann, da ferner der Umstand, daß der Alkoholgenuß in jedem Einzelfalle anscheinend gut bekommt und doch in der Wiederholung, infolge der Summierung kleiner Schädlichkeiten, das Herz ruinieren kann, beweist, daß das persönliche Gefühl der Bekömmlichkeit nicht maßgebend ist, so folgt die Lehre: wer es mit seinem Herzen gut meint, der sei mäßig. Er stelle nicht auf Kosten seiner Gesundheit Experimente an, sondern lege sich im Genuß weise Beschränkung auf.

Das Gefühl der Bekömmlichkeit unterliegt den merkwürdigsten Irrtümern. Da sagt einer: „Ich muß jeden Abend meine Flasche Wein trinken; das bekömmt mir sehr gut. Ich habe freilich seit einiger Zeit allerlei Beklemmungs- und Angstzustände, aber das ist ‚nervös'. Das kommt nur davon, daß ich zu angestrengt tätig bin. Wenn ich meine Flasche Wein nicht trinken würde, wäre es noch viel schlimmer, dann würde ich meine Tätigkeit gar nicht aushalten. Sie können glauben, Herr Doktor, nur meine Flasche hält mich aufrecht." In Wirklichkeit aber verhält es sich so, daß seine Beklemmungen von der Flasche Wein kommen, deren böse Geister bereits anfangen, mit seinem Herzen den Kampf auf Leben und Tod aufzunehmen. Wohl ihm, wenn er rechtzeitig dem warnenden Arzte folgt. Er überzeugt sich bald, daß er mit dem Wein auch seine Beängstigungen verliert und seiner Tätigkeit ebenso gut oder noch viel besser nachgehen kann.

Oft tönt uns das Vorurteil entgegen, daß man dem Alkoholkonsum, an den man nun einmal gewöhnt sei, nicht entsagen dürfe. Dies ist, wie gesagt, ein Vorurteil. Die Rückkehr zur Mäßigkeit, ja, wenn es nottut, zur Abstinenz ist immer möglich und ohne Schaden ausführbar.

Auch gegenüber dem Tabak verhalten sich die menschlichen Herzen verschieden. Auch hier fehlt es nicht an Beispielen von Rauchathleten, welche, von früh bis Abend das Gesicht in einer Rauchwolke verhüllt, alle Bekannten überlebt, ja womöglich durch den beständig von ihnen ausströmenden Rauch den Tod verscheucht haben. Wenn man ein anatomisches Präparat konservieren will, so legt man es in Spiritus, und wenn man ein Stück Fleisch konservieren will, so hängt man es in Rauch. Und doch trägt weder das Rauchen, noch der Spiritus zur Konservierung des lebenden Menschen bei. Sowohl das Nikotin wie die bei der langsamen Verbrennung der Holzfaser entstehenden brenzlichen Produkte nebst Blausäure und Kohlenoxyd sind Herzgifte, — wie der Alkohol in kleinen Mengen gewiß unschädlich, in großen aber gleichfalls Gift ist. Nervöses Herzklopfen, Beschleunigung und Unregelmäßigkeit der Herztätigkeit sind gewöhnlich die ersten Symptome des übermäßigen Tabakgenusses; aber es bleibt nicht dabei, es kann auch zur Herzmuskelerkrankung kommen, und ohne Zweifel wird ebenso die Entwicklung der Aderwandstarre durch Tabakmißbrauch befördert. Während der Verbrauch weniger, gut getrockneter, leichter Zigarren kaum als schädlich bezeichnet werden kann, ist das übermäßige Rauchen, ferner das Herunterschlucken von Rauch und das Rauchen frischer Zigarren zu verwerfen. Ebenso kann das Zigarettenrauchen zum Mißbrauch ausarten. Das normale Empfinden spricht sich schon gegen den übertriebenen Tabaksgebrauch aus, denn es ist kein Zweifel, daß der Genuß beim selteneren Rauchen viel größer ist. Nur wer seine Empfindungsnerven bereits krankhaft abgestumpft hat, kann am dauernden Rauchen Vergnügen finden. Unsere Gefühle und Instinkte stehen ursprünglich in Übereinstimmung mit den Forderungen der Gesundheitslehre: das Bekömmliche wird angenehm, das Nichtbekömmliche unangenehm empfunden.

Nur auf dem Boden eines in seiner Reizbarkeit krankhaft veränderten Nervensystems erwachsen die Übertreibungen und Verkehrtheiten der Genüsse.

Also auch beim Rauchen wie bei jedem Genuß lege man sich Beschränkung auf, sonst wird man, wie die alten heidnischen Völker den Göttern die besten Fleischstücke verbrannten, sein Herz, seine Blutgefäße und Nerven als Rauchopfer darbringen. Besonders verwerflich ist das Rauchen im noch nicht erwachsenen Lebensalter, wo die noch in der Bildung und im Wachstum begriffenen jungen Körperzellen und Körpergebilde empfindlicher und mehr gefährdet sind als später. Aber auch im höheren Alter, wo die dieser Lebensstufe eigentümliche Aderwandstarre sich zu entwickeln pflegt, ist Maßhalten geboten, um diesen Prozeß nicht zu beschleunigen.

Der Alkohol- und Tabakmißbrauch ist dem Herrn der Schöpfung eigentümlich. Trotz der Rivalität des schöneren Geschlechtes und trotz der Fortschritte in der Gleichstellung der Geschlechter beteiligt sich die Frauenwelt bisher nur mit einem geringen Prozentsatz an diesen Lastern. Meine Damen, Sie werden mit Abscheu vernommen haben, wie die bösen Geister des Spiritus und des Tabaks den Herzen der Männer gefährlich werden! Doch nun kommen Sie selbst an die Reihe! Kaffee und Tee, das sind auch Herzgifte. Hier teilen Sie unsere Sünden, meine hochverehrten Damen! Immerhin glaubt das starke Geschlecht, auch bei diesen Genüssen auftrumpfen zu müssen, indem es, namentlich den Kaffee, in besonderer Stärke verlangt und vertilgt. Während beide Genußmittel, in vernünftiger Menge und Stärke genommen, eine ausgezeichnet erfrischende und durchaus gesunde Wirkung haben, erzeugen konzentrierter Kaffee und Tee nervöse Herzstörungen, Herzklopfen, bei häufiger Wiederholung anscheinend auch Herzvergrößerung und tragen sicherlich zur Beförderung der Arteriosklerose bei.

Auch der Kakao enthält einen auf das Herz wirkenden Stoff, aber nicht in nennenswerter Stärke; Kakao pflegt auch nicht im Übermaß genossen zu werden.

Indessen nicht bloß die Trinksünden und Rauchsünden, sondern auch die Eßsünden muß das Herz büßen. Die gewohnheitsmäßige Aufnahme übermäßig großer Nahrungsmengen führt zu Fettsucht und damit zur Schädigung des Herzmuskels in verschiedener Hinsicht. Einmal kann derselbe durch Fettaufnahme und Fetteinlagerung geschwächt werden. Ferner wird durch die gewaltige Zunahme der Körpermasse die Aufgabe des Herzens erschwert: die Herzpumpe hat ja ein viel größeres Gebiet zu versorgen als unter normalen Verhältnissen und ist so zu übermäßiger Leistung gezwungen. Hierzu kommt, daß Fettleibigkeit die Disposition zu Arteriosklerose steigert. Endlich wirkt auch die durch die abnorm große Nahrungsaufnahme vergrößerte Verdauungsarbeit auf das Herz. Jede Arbeitsleistung irgend eines Körperabschnittes, die muskuläre Arbeit sowohl als die Drüsenabsonderung, wie z. B. auch die Verdauungsarbeit im Magen und Darm, bei welcher Verdauungssäfte abgesondert, Magen und Darmbewegungen ausgeführt, die verdauten Stoffe in das Blut übergeführt werden, erstreckt ihre Wirkungen auf das Herz, welches für die zum Betrieb notwendige stärkere Blutversorgung des tätigen Körperabschnittes aufkommen muß. Wenn jemand „nach Herzenslust" ißt, so muß das arme geplagte Herz die Lust, welche ihm fälschlich zugeschrieben wird, und welche eigentlich „Zungen- oder Magenlust" heißen sollte, alsbald durch mühselige Arbeit büßen. Magens Genuß, Herzens Verdruß.

Die übermäßige Nahrungsaufnahme wird besonders dann für das Herz zur Gefahr, wenn sie sich mit ungenügender Körperbewegung verbindet.

Anderseits wird das Herz durch dauernd unzureichende Nahrung geschwächt, besonders, wenn gleichzeitig durch starke körperliche Arbeit des betreffenden Individuums erhebliche Ansprüche an die Herztätigkeit gestellt werden, — wie bereits früher bemerkt wurde.

Also ungenügende Bewegung bei starker Nahrungszufuhr einerseits, starke Anstrengung bei unzureichender Nahrungszufuhr anderseits sind Extreme, welche vom Herzen gebüßt werden.

Der bequeme Schlemmer ruiniert sein Herz wie der, welcher bei kärglicher Ernährung schwer arbeitet. Aber freilich, jener Epikuräer kann schließlich wenigstens sagen: ich habe mein Herz nach Herzenslust zugrunde gerichtet, womit ich mich keineswegs als einen Freund dieses Schlemmers hinstellen möchte.

Viele Menschen begehen verhältnismäßig lange Zeit Eß-, Trink- oder Rauchsünden oder alles zusammen, ohne daß sie einen Nachteil an ihrer Gesundheit verspüren. Aber der Schaden zeigt sich auch nicht sofort. Die Einwirkungen dieser Schädlichkeiten bestehen in sehr allmählich zunehmenden, lange Zeit ganz unmerklichen feinen Veränderungen der Struktur des Herzens und der Blutgefäße, welche sich, wie ich bereits vorher ausgeführt habe, durch die Wiederholung der Schädlichkeiten summieren und so anwachsen. Werden die letzteren rechtzeitig hinweggeräumt, so kann der Organismus noch vieles ausgleichen: Der Organismus ist ein unerbittlicher Rechenmeister; er addiert und subtrahiert und addiert wieder, und eines Tages präsentiert er uns die Rechnung. Längst von uns vergessene Sünden hat er auf dem Kerbholz eingeritzt. Er läßt auch den fröhlichen Schlemmer und Zecher, je nachdem, eine ganze Zeit sündigen, aber er kreidet an, und da hilft es nichts, die Zeche muß bezahlt werden. Und nicht zum wenigsten muß das Herz die Kosten tragen!

Wenn Sie nun fragen, welche Speisen für das Herz zuträglich und welche schädlich seien, so läßt sich dies ganz allgemein nicht beantworten. Die übermäßige Fleischzufuhr, welche bei der städtischen Bevölkerung besonders beliebt ist, erfüllt das Blut mit den chemischen Produkten des Eiweißzerfalles, welche störend auf das Herz und die Blutgefäße wirken und die Entstehung der Arteriosklerose begünstigen. Der übermäßige Genuß der mehlhaltigen Speisen der Süßstoffe und des Fettes führt wiederum zur Fettsucht. Mit einem Wort: Die Hauptsache bleibt das Maßhalten. Stets jedoch ist zu beachten, daß, wer mehr ißt, sich auch mehr bewegen muß, um die eingeführten Stoffe zu zersetzen und zu verarbeiten.

Zu große Ruhe wirkt ungünstig auf das Herz ein. Man sollte zwar meinen, daß wir es diesem fleißigen Organ nicht leicht genug machen können und überall bestrebt sein sollten, ihm die Arbeit zu erleichtern; allein dem ist nicht so. Das Herz ist in seiner Leistung auf die alltäglichen Ansprüche des Organismus völlig eingestellt. Es muß aber über Reservekräfte verfügen können, um höheren Anforderungen, wie sie jederzeit an dasselbe herantreten können, entsprechen zu können. Wäre dies nicht der Fall, so stände es schlecht mit unserer Leistungsfähigkeit; das Herz würde dann, sobald wir gezwungen sind, uns außergewöhnlich anzustrengen, außergewöhnliche Erregungen über uns ergehen zu lassen usw., versagen und in ungenügender Weise das Blut vorwärts bewegen. Dies kommt tatsächlich beim geschwächten Herzmuskel vor, welcher seine gewöhnliche Arbeit noch verrichtet, aber keiner ungewöhnlichen Anforderung mehr gewachsen ist. Das gesunde Herz aber ist imstande, jederzeit das Mehrfache der gewöhnlichen Arbeit zu vollbringen; es verfügt eben über Reservekräfte, welche gewissermaßen mobil gemacht werden.

Aber diese Anpassungsfähigkeit muß geübt werden! Die Reserven müssen sozusagen von Zeit zu Zeit zu einer kleinen Übung veranlaßt werden, damit sie im Mobilmachungsfalle prompt funktionieren. Andernfalls würden die vorrätigen Spannkräfte, welche bei erhöhten Leistungen des Herzens in Tätigkeit treten sollen, verkümmern. So dienen zeitweilige Muskelanstrengungen dazu, die Anpassungsfähigkeit des Herzens an höhere

Leistungen zu erhalten, zu üben, zu stärken, während bei Bewegungsmangel das Herz erschlafft.

Übrigens bedeuten nur stärkere Bewegungen eine Anstrengung für das Herz. Geringere Bewegungen befördern vielmehr die Blutzirkulation und erleichtern daher dem Herzen die Arbeit. Wie bereits bemerkt, wird der Rückfluß des venösen Blutes zum Herzen durch Bewegungen beschleunigt. Des weiteren unterstützt die Muskeltätigkeit die Fortbewegung der Lymphe, jenes Gewebssaftes, welcher die Nährsubstanzen den Körperzellen übermittelt sowie die Stoffwechselprodukte von ihnen empfängt, und welcher in den venösen Teil des Kreislaufes einströmt.

Wie wir unser Land durch Dämme vor Überschwemmungen schützen, wie wir für die Möglichkeit des Feuers Feuerwehren halten, für den Krieg rüsten, für die Not sparen, so müssen wir auch gegen die dem Körper drohenden Gefahren gerüstet sein. Nicht bloß Anpassung an die Einflüsse, welche der Tag mit sich bringt, ist nötig, sondern Vorbereitung gegen außerordentliche Ereignisse! Das sind vor allem die akuten Krankheiten. Es gibt kein wirksameres Mittel zur Überwindung der uns drohenden Krankheiten als eine gute, kräftige Konstitution. Und einer der wichtigsten Bestandteile der Konstitution ist die Blutzirkulation. *Das Herz entscheidet den Verlauf vieler Krankheiten.* Der Körper würde oft mit der Krankheit fertig werden, wenn das Herz aushielte. Ein mit Reservekräften ausgestattetes Herz ist daher die beste Rüstung gegen Krankheitsgefahr. Man halte also das Herz immer so, daß es im Augenblick mobil gemacht werden kann.

Eine zeitweilige, über das alltägliche Maß hinausgehende Muskelanstrengung ist namentlich dem Kopfarbeiter und in sitzender Berufstätigkeit Befindlichen zu empfehlen. Der Sport in seinen verschiedenen Zweigen, Gymnastik und gymnastische Spiele, Schwimmen, Rudern, Lawn-Tennis, Fußmärsche, Bergsteigen, Jagd usw. kommt als ein die Reservekräfte des Herzens mobilmachendes Moment hier zur Geltung.

Aber auch von ihm gilt, daß er nicht übertrieben werden darf, da er sonst gerade das Gegenteil bewirkt, nämlich das Herz schwächt. Die Erweckung eines übertriebenen Wetteifers auf diesem Gebiet, welcher sich in Rekordleistungen zu überbieten sucht, mag für viele etwas Anziehendes haben: aber hygienisch ist dieses Streben nach außerordentlichen Leistungen nicht zu nennen. Es handelt sich dabei immer nur um Kunststücke einzelner, welche oft genug durch ernstliche Schädigung ihrer Gesundheit für eine kurze Berühmtheit büßen müssen. Für die allgemeine Hygiene kommt vielmehr allein der mäßig betriebene Sport, als Muskelleistung und ohne das Beiwerk hastenden ehrgeizigen Wetteifers, in Betracht.

Im großstädtischen Getriebe werden bei vielen Menschen die Muskeln vernachlässigt. Der Mensch bewegt sich nicht mehr, er wird bewegt. Er wird des Morgens verladen, in das Lokal seiner Berufstätigkeit spediert und nach Beendigung derselben wieder in seine Wohnung zurückverladen. Er hat keine Zeit mehr, seine Muskeln durchzubewegen, welche bei vielen ihren Beruf verfehlt haben. Fast möchte man bedauern, daß die abnorme Muskelruhe nicht mit Schmerzen verbunden ist, dann würden wir sie mehr scheuen. Die Frauen sagen: wir haben genug Bewegung in unserer Hauswirtschaft. Aber das ersetzt die Bewegung in der freien Luft immerhin nicht.

Der Großstädter benütze jede freie Zeit zu Spaziergängen, Fußmärschen, irgendwelchen Muskelbetätigungen, das Radeln nicht ausgeschlossen. Sehr empfehlenswert für das Herz sind

Sonntagswanderungen, aber wirkliche Wanderungen in und durch die Natur. Nicht das Aufsuchen irgend eines hübsch gelegenen Wirtshauses und das Verweilen dortselbst bildet den Inbegriff der Erholung, sondern die aktive Muskeltätigkeit, möglichst ohne die Zutat der Kneipe, ist es, was das Herz braucht. Freilich, wer seine Muskeln die Woche hindurch hat anstrengen müssen, dem gönnen wir die beschauliche Sonntagsruhe in der Natur; wer aber in der Woche seine Beine unter, seine Arme über der Platte des Schreibtisches gehabt hat, der mache es, wie ich vorher gesagt habe. Eines schickt sich nicht für alle. Sicherlich aber ist die süße Gewohnheit des Deutschen, den Naturgenuß mit Kneipen zu verbinden, weder für die Nerven, noch für Magen und Leber, noch für das Herz das Wünschenswerte. Ist doch das Kneipen als Begriff und Inhalt der Erholung leider so populär, daß man sogar, wenn man sich wirklich nur in der Natur ergeht, von „Naturkneipen" spricht.

Wer sich eine längere Erholungsreise gestatten kann, der beachte, was seinem Herzen und auch seinen Nerven frommt und nottut. Der Großstädter wird meist gut tun, sich reichlich Bewegung zu schaffen, zu wandern, zu steigen, die Stille der Natur aufzusuchen, die Sorgen und Aufregungen zu Hause zu lassen, sich abzuhärten. Wer auf der Erholungsreise die Gewohnheiten des großstädtischen Lebens fortsetzt und sich von Zerstreuung zu Zerstreuung hetzt, wird den Aufgaben der Hygiene des Herzens ebensowenig nachkommen wie denjenigen der Nervenhygiene.

Das Fehlen aktiver Anspannung, das Bestreben, so zu leben, daß möglichst jedes Anstrengungsgefühl vermieden werde, erschlafft das Herz, das Triebwerk des Lebens, und ebenso die Nerven. Solche Menschen kommen in einen Zustand physischer

Widerstandslosigkeit, welchen sie gern fälschlich so auslegen, als ob sie eine besonders feine, zarte Natur haben, aus anderem Stoffe als ihre Mitmenschen geformt. Freilich kommen auch krankhaft zarte Konstitutionen vor; aber nicht selten sind sie das Produkt falscher Erziehung und eines nicht gehemmten Bequemlichkeitsdranges. Die organischen Gesetze sind für alle Wesen gleich. Es besteht ein durchgehendes Gesetz, daß der Organismus in allen seinen Teilen sich durch Anspannung und Tätigkeit kräftigt, daß er durch das Gegenteil erschlafft. Es ist ein für viele verhängnisvoller Irrtum, daß man nur nötig habe, sich zu pflegen und zu behüten, um gesund zu bleiben. Gesundheit und Kraft wollen durch Betätigung und Anspannung immer wieder neu erkämpft sein. Die Sünde gegen das Gebot der individuellen Anpassung straft sich durch Krankheit und Absterben, ebenso wie der übermäßige Genuß, und das ist gut; denn wir erblicken hierin ein wichtiges Ausgleichsmittel für den Volkskörper, durch welches die arbeitsamen, rüstigen, mäßigen, frischen, die vernünftigen und gesunden Einzelwesen erhalten werden.

So erkennen wir in dem Gesetze der Anpassung durch Kampf und Regung der Kräfte ein sittliches Gesetz. „Nur der verdient sich Freiheit wie das Leben, der täglich sie erobern muß", heißt es im Faust.

Von großer Bedeutung ist die Kräftigung des Herzens für die Frauenwelt. Der Mutterberuf erfordert nicht nur ein treu sorgendes, ein gutes Herz in der übertragenen Bedeutung, sondern auch einen guten Herzmuskel. Wie wichtig das Herz hierbei ist, mögen Sie schon daraus ersehen, daß Frauen mit Herzklappenfehlern durch Schwangerschaft und Entbindung in Lebensgefahr kommen können. Je besser der Herzmuskel ist, desto mehr wird die junge Mutter den schweren Anforderungen, welche der Mutterberuf an sie stellt, gewachsen sein. Für das Gedeihen des jungen, noch im Schoße verborgenen Wesens ist die kräftige Blutzirkulation der Mutter natürlich gleichfalls von wesentlicher Bedeutung. So kann man sagen, daß die Zukunft des Volkes von dem guten Herzen der Frauen abhängt.

Die Folgerungen aus dieser Betrachtung sind klar. Der schlimme Feind des Herzens, die Verweichlichung, muß aus der Erziehung der Mädchen, aus der Lebenshaltung der Frau verbannt werden. Muskeltätigkeit, Turnen, Abhärtung sind nötig. Glücklicherweise ist die Neuzeit immer mehr im Begriff, die Wichtigkeit der körperlichen Zucht der Frauenwelt zu erkennen. Rationeller Turnunterricht, Turnspiele, Schwimmbäder usw. sind für die heranwachsende weibliche Jugend das beste Mittel für die Kräftigung des Herzens, der Atmung und des gesamten Körpers.

Zur Hygiene des Herzens gehört auch die Pflege der Haut. Wie ich am Anfang ausgeführt habe, verändern die Blutgefäße ihre Lichtung namentlich bei Einwirkung von Kälte und Wärme: sie ziehen sich bei äußerer Abkühlung zusammen und erweitern sich bei äußerer Wärmezufuhr. Wie wichtig die Fähigkeit der Blutgefäße, ihre Lichtung je nach den Bedürfnissen des Organismus und seiner einzelnen Teile einzustellen, ist, haben wir bereits in Betracht gezogen. Aber auch dies Vermögen bedarf der Übung, um sich stets auf der Höhe zu halten. Und gerade durch den Wechsel von Kälte und Wärme an der Haut wird diese Übung erzielt und erhalten. Die öftere Einwirkung der Luft wie des kühlen Wassers auf die entblößte Körperoberfläche dient daher sehr wesentlich zur Erhaltung der Elastizität und Kontraktilität der Blutgefäße und wirkt damit auch günstig auf das Herz zurück.

Die ängstliche Neigung, den Körper möglichst gleichmäßig warm zu halten und ihn der Berührung mit der Luft zu entziehen, führt zur Erschlaffung der Blutgefäße, welche es gewissermaßen verlernen, die wichtige Tätigkeit der Zusammenziehung und der Einstellung auf äußere Reize hin auszuüben. Eine weitere Folge ist, daß sie, wenn es einmal darauf ankommt, durch richtige Einstellung den Körper vor Abkühlung zu bewahren, versagen und so die Bedingungen der Erkältung schaffen.

Die Furcht vor Entblößung beruht auf der Gewohnheit zu ängstlichen Abschlusses des Körpers gegen die Luft. Es ist unglaublich, wie warm sich viele Menschen anziehen, wie sie den bedeckten Teil des Körpers in einem beständigen, feuchtwarmen Tropenklima halten. Viele glauben, daß der vorübergehende Atemstillstand, welcher bei kalten Waschungen oder Duschen des Oberkörpers häufig eintritt, ein bedenkliches Symptom sei, welches darauf hinweise, daß die Lunge oder das Herz die Kälteeinwirkung nicht vertrage. Dies ist aber irrig; diese Erscheinung beruht lediglich auf einem Nervenreflex: der Kältereiz überträgt sich auf die Atmungsnerven und löst eine vorübergehende Hemmung derselben aus.

Man setze daher die Blutgefäße der Haut in möglichst großem Umfange und regelmäßig dem Kältereiz aus, welcher die Wirkung hat, sie zur Zusammenziehung zu bringen, worauf gewöhnlich eine nachträgliche Erweiterung folgt. Daher das behagliche Wärmegefühl nach kalten Waschungen, welches zugleich ein Zeichen für die normale Reaktion und Beschaffenheit der Blutgefäße ist. Nebenher haben die kalten Waschungen auch eine nervenanregende Wirkung. Der zeitweilig angewendete Kältereiz erhält die muskulösen Blutgefäßwandungen sozusagen in Übung, er ist für sie, was für die übrigen Muskeln das Turnen ist. Die gewöhnlichste Form, den Kältereiz anzuwenden, sind kalte Waschungen und Frottierungen. Empfehlenswert ist es auch, die Haut dem Reiz der kühlen Luft auszusetzen, was am besten in Form der sogenannten Luftbäder geschieht.

Man vergesse bei den zeitweiligen kalten Waschungen, Frottierungen und Entblößungen auch die Füße nicht, welche ebenfalls an kaltes Wasser und kalte Luft gewöhnt bleiben müssen und nicht verweichlicht werden dürfen. Die Fußnerven durchziehen das Rückenmark in nahezu seiner gesamten Länge; daher übertragen sich die Erregungen der Fußnerven in besonderem Umfange auf die Nerven des Körpers, womit die ausgebreiteten Muskelzuckungen beim Kitzeln der Fußsohlen zusammenhängen. Diese weitgehende Verknüpfung besteht auch zwischen den Blutgefäßnerven des Fußes und denen des übrigen Körpers. Ein kalter Fuß erzeugt ein kaltes, frostiges, unbehagliches Gefühl im ganzen Körper, wirkt dadurch auf die Stimmung und die Denktätigkeit. Denn der Zustand krampfhafter Zusammenziehung der Blutgefäße der Füße teilt sich durch Reflex den anderen Blutgefäßen des Körpers in weitem Umfange mit.

Weitere Gefahren erwachsen dem Herzen bei den verschiedenartigen Infektionskrankheiten, von welchen der Mensch befallen werden kann: Diphtherie, Scharlach, Masern, Influenza, Typhus, Syphilis usw. Alle diese Erkrankungen können, die eine mehr, die andere weniger, sowohl den Herzmuskel wie auch den Klappenapparat des Herzens in Mitleidenschaft ziehen. Insonderheit ist es der sog. Gelenkrheumatismus, eine Infektionskrankheit, welcher häufig die Herzklappen zur Erkrankung bringt und dauernde Herzklappenfehler hinterläßt.

Die Infektionskrankheiten werden nie aus der Welt geschafft werden, aber sie lassen sich vermindern durch Besserung der öffentlichen und häuslichen Hygiene: Beschaffung guten Trinkwassers, Beseitigung der Abfallstoffe, Straßenreinigung, gesunde Städteanlagen, gesunde, helle, luftige Wohnungen, Bäder; ferner durch rechtzeitige Anzeige der einzelnen Krankheitsfälle, Belehrung der Bevölkerung über das Verhalten bei solchen, Wohnungs-, Kleider- und Wäschedesinfektion usw. Mehr und mehr dringt die Bedeutung dieser Dinge in alle Schichten der Bevölkerung ein. Die Gesundheitspflege steht über allen Unterschieden des Standes und der Partei, über allen Doktrinen. Sie betrifft alle Menschen unterschiedslos und gemeinsam und schneidet in das Leben jedes einzelnen ein. Die gemeinsame Arbeit zur Besserung der Hygiene wird auch der Verhütung der Herzkrankheiten dienen.

Der schwierigste Punkt der Hygiene des Herzens ist die Vermeidung heftiger Gemütsbewegungen, welche, wenn auch nicht sofort, so doch bei häufiger Wiederholung nicht bloß nervöse, sondern auch organische Erkrankungen des Herzens und der Blutgefäße herbeiführen können. Die Lebensschicksale einerseits, das angeborene Temperament anderseits sind entscheidend für die Menge und Stärke der Stürme, welche unserem seelischen Empfinden beschieden sind. Und dennoch können wir bis zu einem gewissen Grade einen Einfluß auf die Erhaltung der Harmonie unseres Seelenlebens gewinnen.

Zunächst und hauptsächlich durch Selbstzucht in Bekämpfung unserer Leidenschaften.

Es kann ferner keinem Zweifel unterliegen, daß viele Gemütserregungen ihren letzten Grund in übertriebenem Ehrgeiz haben. Welche Fülle von Aufregungen, fieberhafter Erwartung, Enttäuschung, Feindschaft, Sorgen schafft das nimmersatte

Streben nach persönlichem Erfolg. Wer seine Lebensaufgabe nicht darin erblickt, ein ganzer Mensch zu sein, sondern von den Äußerlichkeiten des Lebens so viel als nur möglich zu erhaschen sich zum Ziele setzt, für den wird es an selbstgeschaffenen Aufregungen nicht fehlen. Der Egoismus, die Eitelkeit, das Streben nach Äußerlichem straft sich selbst, straft sich an Nerven und Herz.

Eine weitere Quelle unnützer und vermeidbarer Gemütserregungen, sowohl im täglichen Leben wie auch im beruflichen und politischen Leben bildet die mangelnde Bewertung der berechtigten Interessen der Mitmenschen. Wieviel Ärger, Groll und Zorn ist, wenn wir scharf hinsehen, nur darauf zurückzuführen, daß wir die Ansichten und Handlungen anderer bekämpfen, weil sie uns unbequem und unseren eigenen Interessen im Wege sind, ohne Verständnis für die berechtigten Interessen dieser anderen. Die Beschränktheit, Unvernunft und Ungerechtigkeit menschlichen Urteils ist der Ursprung vieler Leidenschaften; vorurteilslose, von Egoismus freie, vernünftige, weise Betrachtung der Dinge und Menschen wird manche Aufregung vermeiden lassen. Dies gilt im kleinen Familienkreise wie in den großen Strömungen des öffentlichen Lebens. So wird Vernunft und Tugend auch dem Herzen frommen.

Das Ergebnis unserer Betrachtung ist also, daß wir durch Zügelung unserer Leidenschaften und übertriebenen Ehrgeizes sowie durch vernünftige und gerechte Denkweise uns und anderen doch eine große Menge von Gemütsaufregungen ersparen können. Seien wir darauf bedacht, uns das harmonische Gleichmaß der Seele zu erhalten; das ist sittliches Gebot und zugleich Hygiene des Herzens! Bietet ja das Leben genug der unvermeidbaren Püffe und Stöße für unser Gemüt dar! Goethe sagt in seinen von Lebensweisheit erfüllten „Sprüchen":

„Du sollst mit dem Tode zufrieden sein,
Warum machst du dir das Leben zur Pein?"

Zur Ausgleichung der mannigfachen Nervenerregungen des modernen Lebens und ihrer üblen Einwirkungen auf das Herz empfiehlt sich wiederum ganz besonders heiterer Naturgenuß, welcher lösend wirkt auf die Spannung leidenschaftlicher Stimmungen, Kränkungen und Sorgen vergessen läßt, Niedergeschlagenheit verscheucht, Zorn dämpft, das Herz mit einer gesunden Heiterkeit erfüllt.

Mit wenigen Worten noch, meine hochverehrten Anwesenden, möchte ich auf die Aufgaben eingehen, welche die Hygiene des Herzens in zwei wichtigen Epochen des Lebens stellt, in der Zeit des Wachstums und im herannahenden Alter.

Während der Schulzeit besteht die Gefahr, daß durch das dauernde Sitzen in gefüllten Schulklassen mit minderwertiger Luft die Atmungstätigkeit, die Blutbildung und die Muskelentwicklung Schaden erleiden. Hierdurch wird auch das Herz in Mitleidenschaft gezogen. Auf die engen Beziehungen zwischen Lungen- und Herztätigkeit habe ich hingewiesen. Bei mangelhafter Blutbildung leidet auch das Herz und das System der Blutgefäße, und der schwachen Körpermuskulatur entspricht auch ein schwacher Herzmuskel. Durch möglichst reichlichen Genuß frischer Luft, durch Turnen und Turnspiele und Leibesübungen aller Art müssen diese üblen Einflüsse der Schulzeit ausgeglichen werden. Dagegen ist auf der anderen Seite ganz besonders die heranwachsende Jugend vor übermäßigem, sportartigem Betriebe der körperlichen Übungen zu warnen. So kann z. B. der Ruder- und Radelsport leicht zur Herzerweiterung führen. Ferner ist wie im Interesse des Nervensystems so auch im Interesse des Herzens dafür zu sorgen, daß Reizmittel, wie starker Kaffee, alkoholenthaltende Getränke, Tabak, im Alter des Wachstums vermieden werden. Auch aufregende Genüsse, wie Theater, Geselligkeit usw., dürfen in der kritischen Zeit des Wachstums und der Entwicklung nur sparsam und mit Beschränkung dargeboten werden, da nervöse Erregungen des Herzens, zu welchen schon die Schule recht viel Gelegenheit bietet, möglichst ferngehalten werden müssen. Ganz besondere Vorsicht ist bei schnell emporschießenden Kindern geboten. Dem Herzen fällt durch das schnelle Wachstum eine sehr erhöhte Arbeitsleistung zu, und es ist daher um so leichter Schädigungen ausgesetzt und bedarf der Schonung, wie denn auch erfahrungsgemäß bei schnellem Wachstum nicht selten Herzbeschwerden auftreten.

Beim herannahenden Alter droht dem Herzen namentlich die Gefahr der Arteriosklerose, der Aderwandstarre, welche ja dem Greisenalter als physiologischer Prozeß eigentümlich und Ausdruck der Altersabnutzung des Herzens und der Blutgefäße ist. Die Hygiene des Herzens kann die Abnutzung nur hinausschieben, welche im hohen Alter unabwendlich eintritt. Die Kreislaufsorgane des Blutes müssen sich den höheren Geboten des Kreislaufs des Lebens unterordnen, welches mit dem ersten Erzittern des „hüpfenden Punktes" in die Erscheinung tritt und mit dem letzten matten Schlage des gealterten, ausgelebten Herzens endigt.

Man muß früh anfangen, wenn man lange jung bleiben will. Viele Menschen legen schon in der Jugend den Grund zu frühem Alter durch Unmäßigkeit und anderes. In seiner „Diätetik der Seele" sagt v. Feuchtersleben richtig: „Das ganze Geheimnis, sein Leben zu verlängern, besteht darin: es nicht zu verkürzen."

Aber auch auf der Grenze des Altwerdens kann man noch viel tun, um Herz und Blutgefäße möglichst jung zu erhalten. Von großer Wichtigkeit ist es namentlich in dieser Lebensperiode, sich zu bewegen und beweglich zu erhalten. „Wer rastet, der rostet", das gilt namentlich für das Blutgefäßsystem an der Scheidegrenze des Alters, wo der Bewegungstrieb nachläßt, die zur Bewegung zwingenden beruflichen Verpflichtungen aufhören, wo die Bewegungen oft mit Beschwerden verbunden sind. Man lasse es nicht zu Stockungen im Blutkreislaufe kommen, welche alsbald ihre Rückwirkung auf das Herz entfalten. Denn alles, was den Umlauf des Blutes, auch an entlegenen Stellen des Körpers, hindert, bedeutet ein Hindernis für die Herzbewegung und hat eine Mehrleistung desselben, eine stärkere Beanspruchung zur Folge und damit eine vermehrte Abnutzung.

Es ist daher für ältere Leute im allgemeinen auch nicht gut, allzuviel zu schlafen. Die Natur hat es zweckmäßig eingerichtet, daß der Schlaf im Alter an und für sich verkürzt zu sein pflegt. Er kann natürlich auch gar zu kurz sein, und wir wollen den Alten ihr Schläfchen nicht mißgönnen. Aber der Schlaf soll immer im Verhältnis zur Bewegung stehen: viel Tätigkeit oder Bewegung, viel Schlaf. Wo aber die Bewegung dürftig ist, da kann vieles Schlafen leicht zur Beeinträchtigung des Blutumlaufes führen und damit zur Schwächung der Herzkraft und der Elastizität der Gefäßwandungen. Im übrigen kann man ganz bestimmte, für jeden passende Vorschriften über die Menge des Schlafes nicht geben, denn das Schlafbedürfnis — ich meine nicht den Wunsch, zu schlafen, sondern den wirklichen objektiven Bedarf des Körpers an Schlaf — ist je nach der Konstitution sehr verschieden. Fettsüchtige, Gichtische, Muskelschlaffe haben sehr oft mehr Neigung zum Schlaf als ihnen gut ist, und für sie ist es besonders unzweckmäßig, dieser Neigung nachzugeben und an der Altersgrenze geradezu gefährlich.

Hier sehen wir wieder, daß jedes Ding sein richtiges Maß haben muß; selbst des erquickenden, für das Leben absolut erforderlichen Schlafes kann es zu viel werden. Was bei richtigem Maß eine Wohltat, kann im Übermaß ein Gift werden. Der Mangel an Schlaf anderseits ist gleichfalls für das Herz schädlich, denn wir hatten ja erkannt, daß während des Schlafes eine Art von Ausruhe auch für das stets tätige Herz stattfindet, insofern, als die Anforderungen an die Herzkraft und damit die notwendige Herzarbeit während desselben vermindert sind. Hierzu kommt, daß die durch Schlaflosigkeit erzeugte oder mit ihr verbundene Nervosität auf den Nervenapparat des Herzens ungünstig wirkt.

In der Nahrungsaufnahme muß der ältere Mensch größere Vorsicht üben als der jüngere. Für ihn ganz besonders gilt es, daß ein Übermaß an Nahrung ebenso schädlich sein kann als eine ungenügende Ernährung, besonders bei herabgesetzter Bewegungsfähigkeit. Eine zu starke Belastung des Blutes und der Säftemasse mit Nahrungsstoffen wirkt hinderlich auf den Blutumlauf und ungünstig auf den Stoffwechsel. Es bilden sich ungenügend verarbeitete Stoffe, etwa wie Schlacken, welche gichtbildend und Arteriosklerose befördernd wirken. Dazu kommt, daß der ältere Körper nicht in dem Maße wie der jüngere imstande ist, Störungen durch Übermaß von Ernährung auszugleichen und zu regulieren.

Nicht minder ist Mäßigkeit in dem Genuß alkoholischer Getränke und des Tabaks auch in vorgerückten Jahren anzuraten.

Auch die Stimmung ist nicht ohne Bedeutung. Das Alter neigt nicht gerade zum Frohsinn. Und doch ist dieser, ganz abgesehen davon, daß er das Alter für den Träger dieser Bürde wie für die Umgebung erträglicher, den Alten sympathisch und gern gesehen macht und überhaupt die größte Klugheit des Alters ist, auch hygienisch wertvoll. Verdrießliche und unlustige Stimmung macht untätig, teilnahmslos; Frohsinn treibt zur Tätigkeit, gibt Mut und Lust zu Bewegungen und allerhand Unternehmungen. Traurigkeit hemmt, Heiterkeit belebt: Und so kommt die heitere Stimmung auch dem Herzen zugute und bildet in einer Lebensepoche, wo jede Stockung üble Wirkungen hat, einen wichtigen Trieb für die Lebensmaschine.

Wohin, meine hochverehrten Anwesenden, zielt schließlich die Hygiene des Herzens? Nach einem gesunden, langen Leben und einem heiteren Alter. Ich schließe meine Betrachtungen, indem ich Ihnen dieses beides wünsche.

www.ingramcontent.com/pod-product-compliance
Lightning Source LLC
LaVergne TN
LVHW021545021026
849161LV00005BA/1054